**Género** Ficción realista

**Pregunta esencial**
¿Cómo se nos ocurren las ideas?

# AVIONES de papel

Virginia Segret Mouro
ilustrado por Sergio De Giorgi

## Capítulo 1

# Una tarea difícil

Carola hacía la tarea para su clase de ciencias. Su papá la ayudaba. El maestro le había pedido una tarea difícil: Carola debía averiguar si los avioncitos de papel vuelan siempre de la misma manera.

Carola quería hacer un buen trabajo. El maestro de ciencias era muy exigente. Por eso, Carola tuvo una buena idea y decidió buscar información en internet.

La pequeña fue a su dormitorio, donde estaba su computadora. Su papá la acompañaba. Milo, su gato, dormía acurrucado sobre su cama. El gatito era alegre como un cascabel. ¡Cuántas travesuras era capaz de hacer Milo!

"Buscaré información sobre avioncitos de papel y seguramente encontraré los datos que necesito", pensó.

Y así lo hizo.

Carola y su papá tomaron notas en el cuaderno de apuntes. En internet había mucha información sobre avioncitos de papel, pero el tema parecía muy complicado. Entonces, la niña tuvo una buena idea.

"Debo seleccionar la información más importante", pensó.

Copió, borró, tachó... ¡Qué difícil era la tarea!

De pronto, la computadora comenzó a fallar y Carola se preocupó mucho. ¿Y si no podía terminar su trabajo a tiempo?

—Carola, no te preocupes —le dijo su papá—. Yo te ayudaré a reparar la computadora y podrás terminar tu tarea. ¡Esta noche la tendrás lista! Y el profesor de ciencias te felicitará.

Carola miró cómo su papá intentaba reparar la computadora. ¡Pero la máquina no funcionaba!

—Se ha roto, debemos llevarla a reparar, hija —dijo su papá preocupado.

Carola quedó muy pensativa.

**AHORA COMPRUEBA**

¿Por qué Carola estaba preocupada?

# Capítulo 2

## ¿Cómo lo compruebo?

Carola pensaba cómo hacer para cumplir con la tarea. De pronto, tuvo una buena idea.

—Probaré de otra manera —le dijo a su papá—. Comprobaré cómo vuelan los avioncitos de papel viéndolos volar.

Inmediatamente, comenzaron a buscar papeles. En su escritorio, tenía muchos papeles de variados colores y Carola hizo su primer avioncito verde.

—Ya está listo. Ahora... ¡a volar! —dijo Carola mientras arrojaba el avión al aire.

Su papá la miraba sonriendo. Carola y su papá miraron cómo volaba el avioncito. El papel doblado se elevó y luego hizo una curva en el aire. Finalmente, se cayó sobre la alfombra.

"Voló un poquito, pero aún no he comprobado nada. Debo insistir. Haré otros avioncitos", pensó la niña.

Nuevamente, Carola comenzó a plegar papeles. Esta vez, eligió hacer avioncitos azules.

"Serán azules como el cielo", pensó contenta.

Carola imaginó su avión volando entre las nubes. ¡Qué hermoso!

Los aviones azules también cayeron pronto al piso, igual que el verde.

Entonces, la niña tuvo otra idea.

—Si los hago siempre igual, caerán de la misma manera —le dijo a su papá—. Así que debo construir aviones diferentes.

Enseguida, los dos se pusieron manos a la obra y dejaron a un costado el cuaderno de notas.

Carola tomó dos nuevos papeles. Esta vez eran rosados.

Dobló uno de los papeles en dos y arrugó el otro para hacer una pelotita. La arrojó al aire.

"A ver, a ver, qué pasará ahora... ¿Volarán de la misma manera los dos papeles?", pensó.

¡Carola necesitaba encontrar la respuesta para resolver la tarea!

**AHORA COMPRUEBA**

¿Qué hizo Carola para intentar encontrar la respuesta?

# Capítulo 3

# El gran descubrimiento

Milo, el gato, comenzó a ronronear. Se estaba despertando.

Milo vio cómo Carola y su papá lanzaban la pelotita de papel al aire. ¡A jugar!

El gatito saltó de la cama y atrapó la pelota de papel.

—Eres un gato travieso, Milo —dijo Carola riendo.

**Detective del lenguaje** En la oración subrayada, ¿hay algún artículo? ¿De qué clase es?

Ya era tarde y Carola no conseguía completar la tarea de ciencias. ¡Qué gran problema!

"Debo encontrar una buena solución", pensó.

De pronto, se le ocurrió otra idea.

—Ven, Milo. Haremos juntos algo muy divertido —le dijo al gatito.

La pequeña corrió hacia la baranda de la escalera. Entonces tomó una decisión.

—¡Mira, Milo! —dijo y comenzó a arrojar los papeles hacia abajo.

Volaron papeles rosados doblados en dos partes, volaron papeles verdes doblados en tres partes, volaron papeles azules arrugados, bien redondos, como pequeños balones.

<u>Carola y su papá miraban el espectáculo mientras Milo brincaba contento.</u> ¡Cómo se divertía el gato!

—¡Ya está, lo descubrí! —gritó Carola feliz.

¡Ya tenía la respuesta para el maestro de ciencias!

**Detective del lenguaje**

En la oración subrayada, ¿qué nombres propios encuentras?

Carola había observado atentamente la caída de los avioncitos y había descubierto que volaban de manera diferente porque tenían formas diferentes.

Entusiasmada con su descubrimiento, terminó la tarea. Su papá la aplaudió.

Un rato después, el papá de Carola llegó contento y le dijo:

—¡Mira, Carola, lo que compré para ti!

Un marchante de juguetes había pasado por la calle. El papá de Carola vio que vendía avioncitos. No eran de papel. Eran de madera, plástico y metal.

—¡Qué hermoso es! —dijo Carola cuando recibió el regalo.

Su papá se alegró mucho. La pequeña había terminado su tarea y ahora disfrutaba del regalo.

—Es como el de la vitrina de la juguetería —dijo Carola.

—Lo mereces, hija. Has trabajado mucho para hacer la tarea —agregó su papá feliz.

**AHORA COMPRUEBA**

¿Qué descubrió Carola sobre la manera de volar de los avioncitos de papel?

# Respuesta a la lectura

## Resumir

Usa detalles del cuento para resumir *Aviones de papel.* El organizador gráfico te servirá de ayuda.

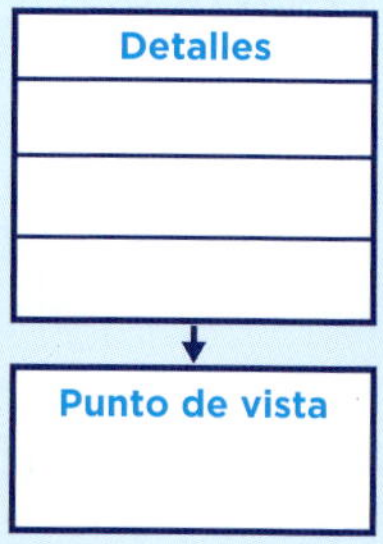


## Evidencia en el texto

1. ¿Qué tipo de ficción es *Aviones de papel*? ¿Qué detalles te ayudan a saberlo? **Género**

2. ¿Desde qué punto de vista está narrado el cuento? **Punto de vista**

3. ¿Qué símil encuentras en la descripción del gato en la página 3? **Símiles**

4. ¿Cómo se sentía Carola al principio del cuento? ¿Cómo se sentía al final? **Escribir sobre la lectura**

**Género** Poesía

## Compara los textos

Lee sobre una idea que se les ocurrió a los números.

# Los números

**Maritza Valle Tejeda**

Discutían una tarde,
los números por su valor,
queriendo todos ellos
demostrar ser el mejor.

Cuando en eso vino el cero
y dio su profunda opinión,
majestuoso y austero
dio así fin a la discusión:

No somos todos iguales,
pero ninguno es el mejor,
y mientras más nos unamos,
juntos, tendremos más valor.

## Haz conexiones

¿Cómo se le ocurrió la idea al número cero? **Pregunta esencial**

¿En qué se parecen la niña de *Aviones de papel* y el cero de *Los números*? **El texto y otros textos**

## Enfoque:
# Elementos literarios

**Rima** Muchos poemas usan rima y aliteración. La rima es la repetición de los mismos sonidos al final de dos o más versos de un poema. Un ejemplo de rima es *cero* y *austero*, en la página 18. La aliteración es la repetición de una misma consonante en el inicio de dos o más palabras seguidas.

**Lee y descubre** El poema *Los números* tiene rimas. ¿Puedes hallarlas?

### Tu turno

Elige un tema y escribe tu propio poema con versos rimados.